Erwin Schlögl

# Mundpropaganda als Vertriebsstrategie für EPUs

**Bibliografische Information der Deutschen Nationalbibliothek:**

Bibliografische Information der Deutschen Nationalbibliothek: Die Deutsche Bibliothek verzeichnet diese Publikation in der Deutschen Nationalbibliografie; detaillierte bibliografische Daten sind im Internet über http://dnb.d-nb.de/ abrufbar.



Copyright © 2013 Diplom.de
Druck und Bindung: Books on Demand GmbH, Norderstedt Germany
ISBN: 9783961168248

https://www.diplom.de

Erwin Schlögl

# Mundpropaganda als Vertriebsstrategie für EPUs

Diplom.de

# Abstract

## Kurzzusammenfassung (Deutsch)

Mundpropaganda scheint ein Dornröschendasein zu fristen. Immer schon da, aber doch nicht wirklich beachtet. In Zeiten der steigenden Kosten und reduzierten Marketingbudgets halten die Firmen wieder Ausschau nach neuen Lösungen und entdecken die Mundpropaganda neu.

Mundpropaganda passiert überall, weil Menschen sich einfach gerne austauschen, und besonders gerne über positive Erfahrungen berichten. Auf diese Weise steigern sie das eigene Ansehen, den eigenen Status und helfen nebenbei ihren Freunden und Bekannten. Wesentlich ist hier die Tatsache, dass im Vergleich zur traditionellen Werbung keine kommerziellen Aspekte für die Informationsweitergabe ausschlaggebend sind.

Wo Licht, da auch Schatten. Einmal losgetreten, hat man keinerlei Kontrolle mehr. Mit dieser Tatsache haben die Marketer noch ihre liebe Not. Dennoch müssen sie sich mit der Thematik auseinandersetzen, weil der Trend in diese Richtung geht, und vor allem die neuen Techniken und Social Media immer mächtiger werden.

Durch gezielte Planung und permanente Betreuung, sowie aufmerksame Beobachtung der laufenden Kommunikation unter den Kunden, kann man beachtliche Erfolge erzielen. Mundpropaganda ist kein Selbstläufer, hier ist Involvement gefragt.

Mundpropaganda ist für EPUs eine Chance, mit geringen Mitteln, Ziele zu erreichen. Welche Möglichkeiten EPUs haben, und was sie vorbereiten können wird in der Arbeit erörtert.

## Schlüsselwörter

(3 bis max. 6)

Viral Marketing – Word of Mouth (WOM) – Buzz Marketing
Seeding – Meinungsmacher – Mobile Marketing

# Abkürzungsverzeichnis

| | |
|---|---|
| EPU | Ein Personen Unternehmen |
| WOM | Word of Mouth |
| NWOMM | Negative Word of Mouth Marketing |
| WOMMA | Word of Mouth Marketing Association |
| WKO | Wirtschaftskammer Österreich |
| SEO | Suchmaschinenoptimierung |
| SMM | Suchmaschinen-Marketing |

# Inhaltsverzeichnis

# 1 Einleitung

Mundpropaganda hat einen hohen Einfluss und sie steht hoch im Ansehen, weil jemand nur dann etwas weiterempfiehlt, wenn er davon überzeugt ist. Niemand spricht leichtfertig eine Empfehlung aus, weil man damit seiner eigenen Reputation schadet, Spott riskiert, und seine Freundschaften aufs Spiel setzt.

Gibt man jedoch etwas weiter, was den anderen zum Vorteil hilft, erntet man Lob, Dank und Anerkennung. Auf diese Weise erarbeitet man sich einen Status im sozialen Gefüge, seine Meinung wird gefragt und ist damit in einer Machtposition. Es geht aber nicht nur um Macht, sondern manchmal auch nur darum, seinen Freunden, Familie und Bekannten einfach nur etwas Gutes zu tun. Auf diese Weise pflegt man Freundschaften, man erntet Anerkennung, wird zitiert und erweitert das soziale Netzwerk.

Zusammengefasst ist der Antrieb nicht der kommerzielle Erfolg, sondern im sozialen Umfeld gut dazustehen. (Vgl. Schueller 2012, S. 8)

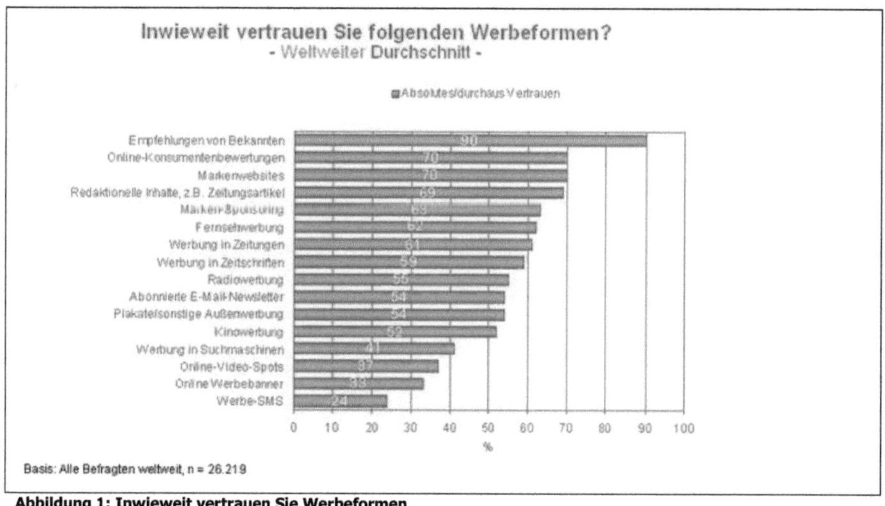


**Abbildung 1: Inwieweit vertrauen Sie Werbeformen**
Quelle: Schobelt.F. 2009

Mundpropaganda wird im Marketing zwiespältig betrachtet. In den höchsten Tönen preist man diese Strategie an, und es gibt auch tatsächlich Erfolgsgeschichten, die ihresgleichen suchen. In der Marketinglehre hält man sich trotzdem eher bedeckt, vor allem gibt es einen enormen Forschungsbedarf. Von einer Modeerscheinung im Marketing ist manchmal die Rede. Vor allem routinierte Marketing Spezialisten weigern sich beharrlich, von ihrem Gelernten abzugehen.

Mundpropaganda gibt es schon sehr lange, nur die Bezeichnungen dafür variieren und dieses Tool scheint immer mehr an Bedeutung zu gewinnen. Dieser Trend scheint Marketer aktuell mehr zu verunsichern, als dass hier eine Aufbruchsstimmung entstehen würde.

Der anhaltende Erfolg von Mundpropaganda hat mehrere Ursachen. Ein wesentlicher Grund ist, dass traditionelles Marketing bei Konsumenten aufgrund der Werbeflut nicht mehr wahrgenommen wird. Hinzu kommt, dass Konsumenten mit den neuen Technologien mehr Möglichkeiten vorfinden, sich auszutauschen. Kunden sind wesentlich aktiver geworden und der Verbreitungsradius hat sich enorm erweitert. Neue Technologien machen es Kunden auch möglich, unliebsame Werbung einfach auszublenden.
Konsumenten haben sich ebenfalls weiterentwickelt und sind mündiger und skeptischer gegenüber kommerzieller Werbung geworden.

Mundpropaganda passiert permanent und wir nehmen sie auch dankbar an. Man sucht etwas über Google, und stößt dabei auf Diskussionsforen, deren Inhalt man analysiert. Man hört Menschen über Erfahrungen mit Ärzten im Warteraum reden oder man steht in einer Einkaufschlange und hört mit, wie jemand per Handy seinem Gegenüber von dem neuesten Kinofilm vorschwärmt. Überall nehmen wir solche Nachrichten auf und lassen uns natürlich davon beeinflussen. Für solche Art der Information ist der Verbraucher zugänglich, weil er davon ausgeht, dass hier keine kommerziellen Absichten dahinter stehen, sondern ehrliche Erfahrungen, die gemacht wurden.

Das Marketing hat die Wirkung von Mundpropaganda zwar wahrgenommen, man verhält sich jedoch abwartend. Einer der Hauptgründe für die Skepsis ist, dass man den Erfolg nur schwer messen konnte. Mit Hilfe des Internets haben sich hier jedoch sehr viele Möglichkeiten aufgetan. Das traditionelle Marketing und die Marketingabteilungen der Unternehmen werden hier umdenken müssen.
Ein weiterer Punkt ist, dass man bisher gewohnt war, alles zu kontrollieren und zu steuern. Mundwerbung ist genau das Gegenteil. Mundwerbung ist offen, sie ist direkt, unzähmbar und unkontrollierbar. Kunden von heute haben durch die Zuhilfenahme der neuen Technologien eine Machtstellung erlangt, die den Unternehmen Kopfzerbrechen bereitet. Verbraucher sprechen direkt an, was ihnen am Produkt oder Service gefällt oder nicht und sie werden dabei auch gehört. Diese Direktheit schätzen andere Kunden, und genau das ist es, was Mundpropaganda auszeichnet. (Vgl. Kirby/Marsden 2007, S. X)

Die Mund zu Mund Propaganda im Internet funktioniert nach demselben Muster wie offline, jedoch mit einem wesentlich größeren Publikum. Die Akzeptanz von Verbrauchern, die Erfahrungsberichte liefern ist wesentlich höher als Werbebotschaften auf den Homepages des Herstellers. Selbst wenn man die Autoren der Erfahrungsberichte nicht persönlich kennt, vertraut man ihnen mehr als dem Hersteller. Kunden machen sich gezielt auf die Suche nach Kundenforen, bevor sie einen Kaufvertrag abschließen. (Vgl. Sweeney/Geoffrey/Mazzarol 2008, S. 347)

Nach wie vor sind Unternehmer sehr zögerlich, wenn es darum geht, Mundpropaganda als Marketingstrategie einzusetzen. Man weiß, dass Kunden vor Kaufentscheidungen den Rat von Bekannten einholen. Genauso ist es bekannt, dass sowohl positive, wie auch negative Erlebnisse im sozialen Umfeld weitergegeben werden. Umso mehr verwundert es, dass Unternehmen in den seltensten Fällen auf diese Erkenntnisse reagieren. Wenn Unternehmen darauf reagieren, dann nur, weil sie glauben, dass Mundwerbung ein „Goldesel" ist. Sie hoffen, Erfolg zum Nulltarif zu erlangen. Doch ganz so einfach ist es nicht, es gibt noch sehr viel Aufklärungsbedarf.

Sprüche wie: „Zufriedene Kunden sind die beste Werbung", oder „ der beste Verkäufer eines Unternehmens ist sein zufriedener Kunde" sind in der Unternehmerwelt oft gehörte Floskeln. Intuitiv weiß man ja, dass Mund zu Mund Propaganda eine reizvolle Alternative zur klassischen Werbung ist, einzig die Handhabung des Tools schreckt viele ab. (Vgl. Helm 2000, S. VII)

## 1.1 Problemhintergrund

Die Effizienz der klassischen Werbung lässt mehr und mehr zu wünschen übrig. Mittlerweile haben es die Menschen nur noch satt, immer und überall von Werbung bombardiert zu werden. Im TV, Radio, in Zeitungen und auf Plakatwänden werden Produkte am laufenden Band beworben. Konsumenten reagieren nur mehr insofern darauf, dass sie versuchen, dem zu entkommen. Sie überblättern Seiten mit Werbung, wechseln den Sender, wenn Werbeeinschaltungen laufen, oder erledigen Aufgaben in den Werbepausen. Bisher galt der Grundsatz: je mehr man in Werbung investiert, umso erfolgreicher verkauft man sein Produkt. Dieser Grundsatz stimmt nicht mehr. Laut Expertenschätzungen stehen die Kosten bei mehr als 75 Prozent der Kampagnen in keinem ausgewogenen Verhältnis mehr zum Nutzen der Werbemaßnahmen. Es mag zwar stimmen, dass Werbespots im Fernsehen manchmal als nett empfunden werden, doch was am Ende des Tages zählt, ist nicht wie sympathisch der Werbesport war, sondern wie die Auswirkungen auf die Absatzzahlen sind.

Bezahlte Werbung kann alles Mögliche versprechen. Kunden vertrauen dieser Informationsquelle nicht mehr, weil sie inszeniert, austauschbar und durchschaubar ist. Kunden besorgen sich die benötigten Informationen dort, wo man wahre Erfahrungen zu einem Produkt oder Service erwarten darf. Konsumenten holen vor einem Kauf noch den Rat von Familie, Freunden und Bekannten ein. (Vgl. Langner 2009, S. 14 f.)

Internationale Firmen wie Procter & Gamble, Google und viele mehr haben vorgezeigt, wie man mit Mundpropaganda erfolgreich seine Produkte verkaufen kann. Mundpropaganda ist dabei keineswegs nur den Großen vorbehalten. Auch die ganz kleinen, wie EPUs, können davon profitieren.

Weltweit ist Mundpropaganda das am meisten verwendete Entscheidungsinstrument für Konsumenten, wie aus einer Untersuchung der Nielsen Company hervorgeht. Die Untersuchung zeigt, dass weltweit durchschnittlich 78% und in Europa 73% der Befragten, Mundpropaganda für die effizienteste Werbung halten.

(Vgl. o.V. 2013 Wissensportal für Marketing und Trendinformationen)

## 1.2 Zentrale Frage

Durch die zentrale Frage soll das Untersuchungsziel dieser Arbeit präzise dargelegt werden. Nachfolgend wird die Kernfrage angeführt.

- Welche Nutzen und Risiken hat Mundpropaganda für EPU´s

## 1.3 Aufbau der Arbeit

Mittels Recherche von Fachliteratur werden im ersten Schritt theoretische Grundlagen dokumentiert und begriffliche Abgrenzungen innerhalb des Themas erläutert. Anschließend wird die Einordnung der Mundpropaganda ins Marketing dargestellt sowie die Nutzen und Risiken aufgezeigt. Die Arbeit hält einen generellen Ansatz, jedoch mit Blickrichtung EPUs, deren Besonderheiten dann auch in einem Kapitel dargestellt werden. Die folgenden Kapitel erörtern Faktoren zum effektiven Einsatz einer Mundpropaganda, die Spezialität in der Onlineverbreitung einer Kampagne, welche man auch messen kann. Eine Checkliste mit praktischen griffigen Beispielen soll eine Brücke von der Theorie zur Praxis schlagen. Die Zusammenfassung mit einem Ausblick in die Zukunft rundet dieses schier unendliche, weitgehend unerforschte und faszinierende Thema, im Rahmen der Möglichkeiten dieser Arbeit ab.

## 2  Theoretische Grundlagen und Abgrenzung

Kundenempfehlung ist eine Kommunikationsform, die unabhängig vom Anbieter passiert. Die Kommunikation kann von potentiellen Kunden ausgehen die Informationen suchen, oder aber von bereits bestehenden Kunden die Erfahrungen positiver wie auch negativer Art mit anderen teilen möchten.

Eine solche Kommunikation nennt man Mundwerbung. Im englischen Sprachraum verwendet man den Ausdruck „word of mouth" (kurz WOM) dafür. (Vgl. Helm 2000, S22)

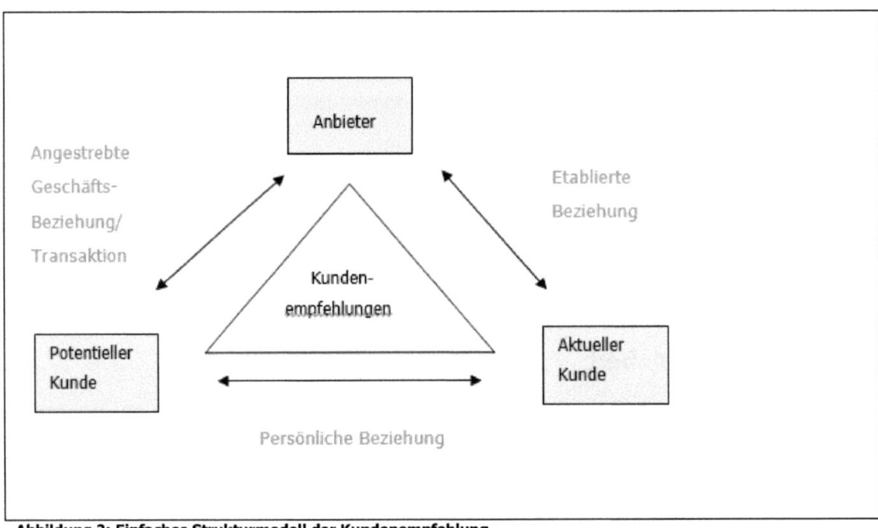


**Abbildung 2: Einfaches Strukturmodell der Kundenempfehlung**
Quelle: Vgl. Helm 2000, S. 36

Die Definitionen zu Mundpropaganda sind in der Literatur zwar vielschichtig, aber sie haben Gemeinsamkeiten. Es handelt sich um eine direkte Kommunikation zwischen einem Sender und einem Empfänger. Konsumenten tauschen sich über Erfahrungen zu Produkten, Marken, Serviceleistungen oder zu organisatorischen Themen aus. Bei der Art der Kommunikation unterscheidet man weiter persönliche und unpersönliche (Radio, TV, Zeitungen...) Verbreitung. (Vgl. Datta u.a. 2005, S. 70)

Mundpropaganda hat mehrere Ausprägungen, die dann unterschiedliche Begriffe erhalten und naturgemäß für Verwirrung sorgen. Diese Tatsache ist natürlich nicht hilfreich, wenn ein für sich schon komplexes Thema auch noch mit vielfältigen Begriffen erklärt wird. In der Literatur gibt es sehr viele Begriffe, die teilweise dasselbe meinen, weil die Begriffe umgangssprachlich verschmelzen. Einige Abstufungen haben sich dennoch herauskristallisiert von denen nachfolgend einige beschrieben werden.

**Mundpropaganda-Marketing** ist eine von einer Firma ausgedachte Werbung für eine Marke, ein Produkt oder eine Serviceleistung. Ziel ist es eine positive Grundhaltung zu erzeugen. Konsumenten sollen sich positiv äußern.

Beim **Viralen Marketing** soll eine überzeugende Nachricht, meist online, von Empfänger zu Empfänger verteilt werden. Im besten Fall entwickelt sich eine epidemische Verbreitung. Internet-Tools und Webseiten sollen Kunden Spaß bereiten. Die Weitergabe der Informationen erfolgt hauptsächlich per Mail.

**Buzz Marketing** funktioniert ähnlich wie die Mundpropaganda, es sollen aber auch die Medien einbezogen werden. Auch hier soll eine positive Grundhaltung geschaffen werden. Als Aufhänger wird z. B. ein Event oder eine Werbung dafür verwendet. Als Resultat sollen Medien und Konsumenten über die Kampagne reden.

**Connected Marketing** ist eine Definition, die mehr oder weniger ein Sammelbegriff über alles vorher Genannte ist.
Der Begriff Connected Marketing umschließt jede Werbeaktivität, die Mundpropaganda nutzt, egal in welcher Form und mit welchem Medium. (Vgl. Kirby/Marsden 2007, S. XVIII)

Um die Vielfalt der verwendeten Begriffe aufzuzeigen, die mit dem Thema Mundpropaganda verwandt sind, sollen hier noch weitere Begriffe aus einer weiteren Literaturangabe genannt werden. Referral Programs, Brand Blogging, Evangelist

Marketing, Community Marketing, Product Seeding. (Vgl. Kwiatkowska 2009, S. 1049)

Im Vergleich zum traditionellen Marketing herrscht hier somit noch ein breiter Begriffsdschungel. Das ist ein Zeichen dafür, dass es einen unbedingten Forschungsbedarf auf diesem Fachgebiet gibt.

Mund-zu-Mund Propaganda und Virales Marketing sind die am häufigsten verwendeten Begriffe. Die Unterscheidung liegt hier vor allem in der online-Verbreitung beim Viralen Marketing.

Beim Viralen Marketing wird Mundpropaganda gezielt ausgelöst, um seine Produkte oder das Service gezielt zu vermarkten. Basis für das Virale Marketing sind Forschungsergebnisse aus der Psychologie, der Sozialwissenschaft oder der Evolutionstheorie, sowie Erfahrungen aus der Praxis von Unternehmen.

Der Begriff „VIRAL" kommt von der Medizin, da man Vergleiche in der Ausbreitung zu einem Virus festgestellt hat. Das Ziel vom Viralen Marketing ist die rasche Verbreitung über ein Produkt oder ein Service. Im besten Fall führt es sogar zu einer Epidemie. (Vgl. Langner 2009, S.27)

Die meisten Forschungen zum Thema WOM beschäftigen sich mit der Generierung von WOM. Die Faktoren, welche beim Empfänger überhaupt eine Wahrnehmung und in der Folge auch eine Handlung auslösen, sind hingegen eher unbekannt. (Vgl. Sweeney/Geoffrey/Mazzarol 2008, S. 345)

## 3  Funktionsweise Mundpropaganda

Memetik: Basis aller Marketing Epidemien.

Der Ausdruck „MEME" wurde von Richard Dawkins 1976 geschaffen. Unter Memetik versteht man die Theorie der Replikation und Verbreitung von Botschaften.

Damit wird dargestellt, dass man Informationen durch Imitation oder Nachahmung weitergibt. Menschen übernehmen einfach von anderen Menschen Informationen und geben sie weiter, ohne viel darüber nachzudenken. (Vgl. Langner 2009, S.20 f.)

Menschen treffen ihre Entscheidungen nicht isoliert, sondern sie werden durch ihr Umfeld beeinflusst. Menschen orientieren sich an Personen, die ihnen nahe stehen. Sie verhalten sich dabei ähnlich den Tieren. Solange Tiere sich im Rudel bewegen, sind sie geschützt. Wer sich vom Rudel entfernt lebt in Gefahr. Dieser Urinstinkt scheint in uns Menschen noch immer verankert zu sein. Aus diesem Grund suchen wir die Übereinstimmung mit der Masse und teilen Informationen mit anderen, um so das beste Ergebnis zu erhalten. (Vgl. Langner 2009, S. 19)

Für einen erfolgreichen Einsatz lohnt es sich, sich mit den Teilnehmern am viralen Prozess auseinander zu setzen. Wer ist beteiligt, wie groß ist der Einfluss und wie kann man die gewünschte Gruppe beeinflussen. Die Gruppen wurden vom US-Journalist Malcolm Gladwell identifiziert. In seinem Buch „Tipping Point" beschreibt er diese drei Gruppen in der Gesellschaft: Vermittler, Kenner und Verkäufer. Die Vermittler (Connectors) stellen die Knotenpunkte in sozialen Netzwerken dar. Sie sorgen somit für die Übertragung von Nachrichten. Die Kenner sind diejenigen, die Wissen in der Gesellschaft besitzen. Verkäufer sind die Verstärker im Empfehlungsprozess. (Vgl. Langner 2009, S. 21)

In diesem Zusammenhang sind Meinungsführer sehr wichtig. Das Gesetz der Wenigen besagt, dass 10% der Personen eines beliebigen Marktes die restlichen 90 % beeinflussen. Die Meinungsführer sind grundsätzlich normale Kunden, die aber auffällig viele soziale Netzwerke haben und deren Meinung respektiert wird. Bei der sorgfältigen Planung einer Viralen Kampagne sollte man sich daher die Mühe machen, die Meinungsmacher zu identifizieren. (Vgl. Kirby/Marsden 2007, S. 7 ff.

# 4  Mundpropaganda und Marketing

Nach wie vor ist Mundpropaganda relativ unerforscht. Sie repräsentiert die wohl effektivste Marketingstrategie, die im selben Moment aber auch die am wenigsten durchschaute Marketingstrategie ist. (Vgl. Trusov/Bucklin/Pauwels 2010, S. 27)

Diese Formulierung bringt es auf den Punkt. Gerade weil es hier so viel Potential gibt, kommen Marketing-Manager des 21. Jahrhunderts an der Mundpropaganda definitiv nicht vorbei. Die einfache Erklärung dafür ist, dass man mit dem traditionellen Marketing ins Stocken geraten ist.

Medien werden immer mehr aufgesplittet, wodurch die Zielgruppen nicht mehr direkt erreicht werden können. Massenwerbung hat deshalb zu große Streuverluste und wird zudem von Kunden als Störfaktor gesehen. (Vgl. Kirby/Marsden 2007, S. 161)


Sinkende Gewinnzahlen und steigende Kosten von Marketingkampagnen verlangen nach alternativen Lösungen. Aktionäre und Geschäftsführer zwingen das Marketing zu effizienteren Maßnahmen. Die Forderung liegt auf dem Tisch und verlangt klare Ergebnisse fürs das eingesetzte Werbebudget. Hinzu kommen laufende Berichte über den enormen Einfluss des WOM auf das Kaufverhalten.


Weshalb ist diese alte Methode erfolgreicher als alle aktuellen Marketingmaßnahmen? Ein Turbo sind die neuen **Technologien,** welche eine rasche und breite Diffusion ermöglichen. Konsumenten sind mündiger geworden, sie **vertrauen** der klassischen Massen-Werbung nicht.

Bei der Vielzahl an Werbung ist es schwer, mit neuartigen Werbeclips aufzufallen. Die Konsumenten reagieren nicht mehr darauf. Die **Aufteilung der Medien** macht es für Marketer immer schwieriger die Zielgruppe zu erreichen.


Menschen wollen sich generell über ihre Erfahrungen mit Produkten oder Serviceleistungen mit ihren Freunden, Familie und anderen Menschen austauschen. Sie machen das, weil sie damit Ansehen im Bekanntenkreis erlangen oder einfach nur um anderen zu helfen. (Vgl. Cruz/Fill 2008, S. 743)

72 Prozent der Kunden geben an, dass sie für eine Kaufentscheidung für ein Produkt, eine Marke oder eine Serviceleistung erst die Meinung von Familienmitgliedern bzw. Freunden einholen. Der Einfluss dieser Berater wird dabei als besonders hilfreich bzw. groß angegeben (Vgl. o.V. 2013, wommapedia).

Der Marketing Mix besteht grundsätzlich aus den 4 Ps: Product, Price, Promotion, Placement. Viral Marketing findet sich innerhalb der 4 Ps in „Promotion" wieder, welche sich mit Kommunikationspolitik beschäftigt. Zur Kommunikationspolitik zählen z. B. die Werbung, der persönliche Verkauf oder die Verkaufsförderung. (Vgl. Leonardi 2008, S.28 f)

Virales Marketing kann man in aktives und passives Marketing unterteilen.
Aktives virales Marketing umfasst die Konsumenten, die selbst eine Verbreitung vorantreiben (z. B. versenden von Videoclips). Beim passiven viralen Marketing ist der Kunde nur indirekt beteiligt. Ein Beispiel für passives virales Marketing wäre HOTMAIL, die in den verschickten Mails eine Werbebotschaft mitgeschickt haben. (Vgl. Langner 2009, S. 30 f.)

Anwendbar ist dieses Marketinginstrument für sämtliche Produkte. Von den Vorteilen der Mundpropaganda aufgeklärt, stellt sich die Frage, ob es möglich ist, dieses hocheffiziente Tool auch gezielt einzusetzen. Es ist möglich, in soziale Netzwerke einzudringen und Botschaften zu verbreiten, ohne dass es als kommerzielle Werbung erkannt wird. Mundpropaganda funktioniert nicht ganz von alleine, es steckt auch Aufwand dahinter. Man muss intensiv planen, kreativ sein und man sollte wissen, wie die Kommunikation in sozialen Netzwerken funktioniert.
Den bereits angesprochenen „Goldesel" gibt es nicht. Selbst, wenn man ein gutes Produkt zu bieten hat, muss man auch beim Viral Marketing aktiv sein. (Vgl. Langner 2009, S. 16 f.)

# 5  Nutzen und Risiko

Um das Risiko und den Nutzen besser beurteilen zu können, sollen die nachfolgenden Aufzählungen einen Leitfaden bilden.

Das Besondere an der Mundwerbung ist, dass sie effektiver, komplexer, unberechenbarer und riskanter als herkömmliche Werbung ist. Es werden also Superlative in positiver und negativer Hinsicht geboten. Vor allem weiß man zu Beginn einer Kampagne nicht, wohin die Reise geht. (Vgl. Ferguson Colloquy 2008, S. 180)

Vorteile der Mundpropaganda werden in der verhältnismäßig spärlichen Literatur ziemlich gleichlautend formuliert. Hier werden zuerst die niedrigen Kosten für eine Kampagne genannt. Die Diffusion ist kostenlos und man braucht nicht zwangsläufig eine professionelle Unterstützung, um eine Kampagne erfolgreich zum Laufen zu bringen. Durch Mundpropaganda kann man bei seinen Kunden großes Vertrauen aufbauen und die Markenbekanntheit in ungeahnte Höhen treiben. Mundpropaganda ist unumstritten effektiver als herkömmliche Werbung. Ein weiterer Nutzen ist, dass man mit Mundwerbung Kunden erreicht, die auf traditionelle Werbung nicht mehr reflektieren. (Vgl. Kwiatkowska 2009, S. 1053f)

Den positiven Effekt nehmen Unternehmen bereitwillig auf, doch es gibt auch Schattenseiten, die nicht unerheblich sind. Es gibt dafür den Begriff „Negative Word-of Mouth-Marketing" (NWOMM). Den Effekt einer negativen Mundpropaganda spüren Unternehmer im Umsatz. Diese negative Diffusion hält Kunden davon ab, ein Produkt zu kaufen. (Vgl. Lo 2012, S. 194)

Eine Kampagne kann, sobald sie gestartet wurde, nicht mehr kontrolliert werden. Man hat als Kampagnenführer keinen Einfluss auf die Dauer einer viralen Kampagne. Eine virale Nachricht kann von den Kunden auch verändert werden (Mutation) und im schlimmsten Fall sogar ins Negative verkehren.

Eine Umkehr einer viralen Kampagne ins Negative kann fatale Folgen haben. Es ist erwiesen, dass ein einziger unzufriedener Kunde oder Kundin negativen Erfahrungen an 9 weitere Menschen weiterleitet.

Mangelnde Recherche bzw. Planung können im besten Fall dazu führen, dass die Kampagne ins Leere geht. Im schlimmsten Fall führt sie zu einer negativen Empfehlung. Es ist nicht möglich, im Internet zu prüfen, ob der Virus gerade aktiv ist. Internetsurfer könnten mit der Marke spielen und diese in Verruf bringen. (Vgl. Kwiatkowska 2009, S. 1053f)

Negative Nachrichten können Produkte bzw. Services verunglimpfen, Gerüchte in die Welt setzen oder Beschwerden beinhalten. (Vgl. Sweeney/Geoffrey/Mazzarol 2008, S. 348)

Es wurde festgestellt, dass die Auswirkungen einer negativen Mundpropaganda auf den Betriebsgewinn ziemlich voraussehbar sind. Positive Effekte sind diesbezüglich sehr schwierig voraus zu sehen. In der Luftfahrt haben negative Berichte zum Beispiel ca. 2,4 mal so hohe finanzielle Auswirkung wie positive Berichte. (Vgl. Kirby/Marsden 2007, S. 189 f.)

Ein weiterer Unterschied zwischen positiver und negativer Mundpropaganda wurde in Bezug auf die Erinnerung der Konsumenten an die Kampagne identifiziert. Konsumenten erinnern sich an negative Nachrichten länger als an positive. Somit bleibt eine negative Nachricht länger an einem Produkt haften, als das bei einer positiven Nachricht der Fall wäre. (Vgl. Sweeney/Geoffrey/Mazzarol 2008, S. 348)

Ein Risiko im Viral Marketing ist das Auftreten eines sogenannten Shitstorms. Hier handelt es sich um eine plötzlich auftretende Empörungswelle in der digitalen Welt. Diese können im schlimmsten Fall zu Reputationsschädigungen, Rufmorden oder Umsatzeinbrüchen führen. Wichtig ist hier, dass man wachsam ist und im Fall der Fälle sofort reagiert. Es gibt hier aber Entwarnung, weil nicht gleiche jede negative Meldung zu einem Shitstorm führt. (Vgl. Schueller 2012, S. 1)

# 6 Mundpropaganda Besonderheiten der EPUs

Ein-Personen Unternehmen (EPU) sind bereits ein beachtlicher Teil der Wirtschaft in Österreich. In Österreich beträgt der EPU-Anteil 54,6%, das entspricht 240.164 Ein-Personen-Unternehmen. Die Bundesländer mit dem größten EPU Anteil befinden sich im Osten Österreichs (Niederösterreich, Wien, Burgenland). Die Top 3 Sparten sind Information und Consulting, Gewerbe und Handwerk sowie Handel. (Vgl. o.V. 2013, WKO)

Damit ein Ein-Personen-Unternehmen erfolgreich im Wettbewerb mit anderen agieren kann, muss es sein Marketing entsprechend gestalten. Unter Marketing versteht man einen Prozess, in welchem Produkte oder andere Austauschobjekte erzeugt werden, die einen Wert darstellen. Diese Produkte werden am Markt zum Tausch (=Geld) angeboten. (Vgl. Kotler/Keller/Bliemel 2007, S. 5)

Die Budgetmittel sind bei EPUs naturgemäß knapp kalkuliert, was sich natürlich auf die Gestaltung des Marketings auswirkt. EPUs sind nicht zuletzt deshalb auf der Suche nach Marketingstrategien die kostengünstig aber dennoch effektiv sind, wenn es darum geht, seine Produkte oder Dienstleistungen erfolgreich an den Verbraucher zu bringen.

Wenn man die Erfolgsgeschichten von globalen Firmen hört, ist man verleitet zu glauben, dass WOMM nur für großartige Produkte sinnvoll eingesetzt werden kann. Diese Ansicht ist schlichtweg falsch, da vermeintlich unattraktive Produkte vom WOMM profitieren können. Unbestritten ist natürlich, dass Vorzeigeartikel wie der iPod oder VW-Beatle bessere Ergebnisse erzielen.

Auf den ersten Blick mag das eigene Produkt vielleicht nicht so interessant wirken, dennoch kann es Potential haben. Beispiele aus der Vergangenheit haben es vorgezeigt. Google, Post-it, Eastpak Rucksäcke...das alles sind Produkte, die auf den ersten Blick nichts Besonderes sind, die aber mit WOMM berühmt geworden sind. (Vgl. Kirby/Marsden 2007, S. 199 f.)

Ist WOMM billig, teuer, kostet es überhaupt etwas? Können sich EPUs darüber freuen, den angesprochenen Goldesel gefunden zu haben und mit minimalem Kapitaleinsatz, ein Maximum an Bekanntheit erzielen? Es gibt Beispiele von Firmen (z. B. Google, Hotmail, eBay)die tatsächlich nahezu nichts für Werbung ausgegeben haben. Man muss an dieser Stelle leider festhalten, dass diese Prognose für 99% der Firmen nicht möglich ist.

Man wird nicht umhin kommen für Marketing Geld auszugeben, aber es wird weniger sein, als man für konventionelle Werbung bereitstellen muss.

EPUs haben in diesem Zusammenhang auch die Möglichkeit der Zusammenarbeit mit Geschäftspartnern entdeckt, die nicht im Wettbewerb zum eigenen Unternehmen stehen. Solche Geschäftspartner erlauben Links, Newsletter Bestellung etc. für das eigene Unternehmen auf deren Webseite. (Vgl. Langner 2009, S. 76)

Internet und soziale Medien bieten hier viele neue Möglichkeiten der Zusammenarbeit. Eine Untersuchung der Wirtschaftskammer Österreich (WKO) hat ergeben, dass die Kollaboration bei größeren Unternehmen ab 50 Mitarbeitern stärker ausgeprägt ist als bei EPUs. Mit einer Ausnahme: beim Marketing sind die EPUs ebenso aktiv wie die größeren Unternehmen. Gründe für die Zusammenarbeit sind Kostenersparnis, Knowhow-Transfer, höhere Qualität der Leistung und effiziente Abwicklung. (Vgl. Baumgartner 2013, S.2)

Das Produkt der EPUs spielt ebenfalls eine entscheidende Rolle für einen erfolgreichen Einsatz von Mundpropaganda. Forschungen bestätigen, dass überall dort, wo hohes Risiko, hohe Beteiligung, komplexes Servicegeschäft oder Fachservice existiert, WOM am wichtigsten ist.
In solchen Branchen vertrauen der Kunden verstärkt auf die Empfehlungen aus ihrem Umfeld, indem sie sich über Erfahrungen zu einem Produkt oder Service erkundigen. (Vgl. Sweeney/Geoffrey/Mazzarol 2008, S. 345)

Sehr kosteneffizient, und damit für EPUs interessant, ist auch das Verwenden von Foren und Gästebüchern. Hier sollte man sich aber die Mühe machen, zum einen darauf zu achten, dass auch die anvisierte Zielgruppe diese besucht und zum anderen, ob es sich auch um Foren handelt, die gut besucht werden.

Man sollte sich aber bewusst sein, dass die Kunden in der Zwischenzeit sehr vorsichtig in diesen Foren auf Schleichwerbung reagieren. Plumpes platzieren von Werbesprüchen könnte somit genau das Gegenteil erreichen. (Vgl. Langner 2009, S. 72 ff.)

Das Partizipieren an Social Media macht für Unternehmen deshalb Sinn, weil sie dadurch Beziehungen zu bestehenden wie auch potentiellen Kunden herstellen bzw. analysieren können. Unter Social Media kann man alle Medien zusammenfassen, mit denen ein Internetbenutzer Informationen erstellen, verteilen aber auch verändern kann. (Vgl. Greve 2011a, S. 16)


# 7  Faktoren, die die Effektivität beeinflussen

EPUs, wie auch alle anderen Unternehmen sind gut beraten, die Erfolgsfaktoren für einen effektiven Einsatz der Mundpropaganda zu kennen.

**Kohärenz** bedeutet, dass die Nachricht widerspruchsfrei sein soll: d. h. Empfänger nehmen neue Informationen nur auf, wenn diese dem eigenen Wertesystem einzuordnen sind.

Die Nachricht sollte **neu** sein, weil sich naturgemäß niemand für alte Informationen interessiert. Nachrichten sollten einfach zu erfassen sein. Konsumenten wollen sich nicht lange mit Verständnisfragen auseinandersetzen. Ist die Message nicht klar, wird sie auch nicht weiter gegeben. Die **individuelle Nützlichkeit** darf nicht unterschätzt werden. Niemand macht etwas, wenn es keinen Nutzen hat.

Nachrichten müssen rasch erkennbar sein (**Auffälligkeit**). Kunden nehmen sich nicht die Zeit lange Recherchen durchzuführen. Der Inhalt, welcher transportiert werden soll, muss **leicht kommunizierbar** sein. Die Kampagne sollte ein **Ansteckungsvermögen** in sich tragen, damit Kunden Lust haben das Gut mit anderen zu teilen, anderen etwas zu lehren oder andere zu überzeugen. Die zu verbreitende Nachricht sollte nicht gegen den Trend der Mehrheit tendieren (**Konformismus**). Eine Nachricht sollte etwas für die Gruppe und nicht einer einzelnen Person bringen **(Gemeinnützigkeit)**. (Vgl. Leonardi 2008, S. 38)

Emotionen sind eine wichtiger Erfolgsfaktor. Menschen wollen Emotionen, die sie selber erfahren haben, mit anderen Menschen teilen (z. B. Wut, Freude, Traurigkeit, Ekel, Angst). Ein weiterer Aspekt ist in der Folge die Intensität der Emotion. Je intensiver die Emotion erlebt wird, desto häufiger wird diese Emotion mit anderen geteilt. (Vgl. Leonardi 2008, S. 51)

Meinungsführer sind sehr wichtig, und sie werden nicht generell als solche für sämtliche Bereiche angesehen, sondern es gibt je Kategorie unterschiedliche Meinungsmacher (z. B. bei Unterwäsche andere als bei Motorräder)

Meinungsmacher werden gefunden über:
1.    Selbstbenennung: Über Fragebögen an Kunden werden diese lokalisiert.
2.    Berufsbezeichnung: Diese könnte ein Indikator für einen Meinungsmacher sein. Außerdem ist es einfach, billig und schnell möglich, diese zu identifizieren.
3.    Online: durch beobachten der relevanten Blogs, können Meinungsmacher identifiziert werden.
4.    Schlüssel Informanten befragen: Personen mit Fachkenntnis sollen befragt werden, wer ihrer Meinung nach als Meinungsmacher im Fachbereich gelten könnte.

5.    Soziometrie: Momentaufnahme eines Marktes, um die Schnittstellen des WOM-Einflusses zu identifizieren. Diese Methode ist jedoch sehr zeitintensiv. (Vgl. Kirby/Marsden 2007, S. 7 ff.)

Aufgrund ihrer Bedeutung sollen Meinungsmacher identifiziert werden, damit man ihnen Einstiegsmöglichkeiten bieten kann, sich intensiver einzubringen. Sie sollen besondere Behandlung genießen, spezielle Angebote bekommen, Clubs angehören etc. (Vgl. Ferguson Colloquy 2008, S. 181)

## 8  Virale Kampagne

Mundpropaganda hat durch die Internet-Technologie enorm an Bedeutung gewonnen. Aus diesem Grund sollte das Virale Marketing separat betrachtet werden.

Der Begriff "Viral Marketing" wurde erstmals von dem Risiko-Kapitalgeber Steve Jurvetson in einem Newsletter als „network-enhanced word-of-mouth" verwendet. (Vgl. Datta u.a. 2005, S. 72)

Im englischsprachigen Raum versteht man unter Viral Marketing vor allem Mundpropaganda, die gezielt zu Werbezwecken verwendet wird. Das ist auch eine Definition, die im Marketing und im Alltag weit verbreitet ist.

Man kann drei Arten der viralen Vermarktung unterscheiden. Bei der **werbebasierten** Anregung von Mundpropaganda wird erst nach Fertigstellung eines Produktes an einer viralen Bekanntmachung gearbeitet.
**Produkt-basierte** Anregung von Mundpropaganda ist so definiert, dass während des Produktentstehungsprozesses bereits ein viraler Effekt auftritt (Beispiele: Skype, YouTube). Bei der **beziehungs-basierten** Mundpropaganda findet mit Meinungsführern eine ehrliche Kommunikation statt (Beispiel: Betatests von Microsoft oder Google). (Vgl. Leonardi 2008, S. 28 f.)

Durch die vielen Möglichkeiten (Blogs, Foren, Portale), die das Web 2.0 bietet, hat eine neue Zeitrechnung begonnen. Kunden sind plötzlich mächtig geworden, da sie dem Unternehmer nicht mehr wehrlos ausgeliefert sind. Es interessiert heute niemanden, worauf Hersteller stolz sind, sondern einfach nur, wo der Vorteil für den Kunden, die Kundin ist. Minderwertiges wird gnadenlos ausgesondert. Firmen, die Kunden über den Tisch ziehen wollen indem sie schlechte Leistung bringen, lügen oder unfaire Preispolitik betreiben, werden in Zukunft ein Problem haben. (Vgl. Schueller 2011, S. 1 f.)

Die Akzeptanz bzw. der Erfolg einer viralen Kampagne ist grundsätzlich sehr schwer vorauszusehen, daher ist es empfehlenswert mehrere Kampagnen zu starten, um die Erfolgsquote zu erhöhen. (Vgl. Leonardi 2008, S. 61)

Beispiele für missglücktes Virales Marketing gibt es natürlich sehr viele. Die österreichische Raiffeisenbank Radstadt hat z.B. versucht, das Virale Marketing Konzept anzuwenden und hat ein Video im Internet kursieren lassen, indem die Mitarbeiter das Lied „Marmor, Stein und Eisen bricht" auf die RAIKA umgedichtet haben. Da heißt es dann wörtlich „weine nicht, wenn der Zinssatz fällt...." Die Kunden fanden es jedoch lächerlich. Man erzielte zwar 220.000 Klicks auf YouTube, die Reaktionen waren jedoch meist spöttisch und ablehnend. Somit ein klassisches Beispiel für eine misslungene Kampagne. (Vgl. o.V. 2013, Bank und Markt 2013, S.8)

Es geht aber auch anders, wie das innovative Beispiel einer lokalen Bank in Deutschland zeigt. Die PSD Bank Köln verbreitet nicht einfach ein Video, sondern veranstaltet einen Wettbewerb um bekannt zu werden. Die Bank warb 2011 damit, den beliebtesten Fußballverein finanziell zu fördern. Ein Jahr später machten sie einen Wettbewerb für Kindertagesstätten und für 2013 sind zwei weiter Wettbewerbe geplant. Mit minimalem finanziellem Einsatz hat die Bank damit einen viralen Coup gelandet. Die Kunden wurden von sich aus aktiv und haben Bekannte animiert mitzumachen, um den Wettbewerb zu gewinnen.

Fakten aus dem Wettbewerb mit den Vereinen: 38 Vereine haben sich beworben, mehr als 31.000 eindeutige Besucher auf der Webseite, 336.000 Page Impressions, über 4.000 Facebook-Likes, zahlreiche lokale Pressemeldungen und online Berichterstattungen. Die Bankmitarbeiter wurden nicht instruiert, Akquise Gespräche zu führen, die Kunden kamen jedoch von selbst auf die Mitarbeiter zu.

Die kleine regionale Bank hat vorgezeigt, wie es gehen kann. Man betont aber auch, dass das virale Marketing kein Selbstläufer ist sondern eine kontinuierliche Betreuung erfordert. Wenn man das berücksichtigt, kann man gute Erfolge erzielen. (Vgl. o.V. 2012, Bank und Markt 2012, S. 22 ff.)

Wie sich der Multiplikator Effekt auswirkt, zeigt eine Studie von Burson Marsteller und Roper Starch Worldwide: eine offline Empfehlung einer einflussreichen Person hat einen Einfluss auf durchschnittlich 2 Personen, während es bei Onlineempfehlungen gleich vier Mal so viele sind!

Ein lustiges Beispiel eines viralen Lauffeuers ist die letzte Volkszählung in Australien, bei der mehr als 70.000 Einwohner angaben, dass sie der Religion „Jedi-Ritter" angehören. Das australische Amt für Statistik teilte mit, dass wahrscheinlich zirkulierende E-Mails für die rasche Absprache ausschlaggebend waren und die Betroffenen sich Anleihen aus „Krieg der Sterne" nahmen (Vgl. Kornfeld 2003, Viral Marketing: Erfolgreiche Werbung ohne einen cent?).

Eine neue ebenfalls sehr wenig erforschte Art des viralen Marketings ist das „Mobile Viral-Marketing". Vor allem die extrem rasche Verbreitung der Mobiltelefone öffnet hier eine weitere Art des viralen Marketings. Mobile-viral-Marketing basiert auf der Mundpropaganda, dessen Konzept auf Kommunikation und Verteilung aufbaut. Bei dieser Art des viralen Marketings vertraut man darauf, dass Kunden Informationen über Mobiltelefone in deren Foren weiterleiten. (Vgl. Palka/Pousttchi/Wiedemann 2009, S. 172 f.)

# 9 Messbarkeit

Die Messbarkeit einer Ausprägung viraler Aktivität ist grundsätzlich schwierig. Die Problematik besteht darin, dass man schwer nachweisen kann, wann jemand ein Kampagnengut in einem Gespräch erwähnt. Die Erfolgsmessung wird leichter, wenn die Verbreitung schon sehr stark fortgeschritten ist. Man kann dann über Hilfsgrößen wie erhöhte Verkaufszahlen, Zugewinn an Kundenkontakten etc. Erfolg oder Misserfolg messen.

Es wäre zwar möglich über Umfragen in Zielgruppen-Panels Informationen zu bekommen, nur sind auch diese nicht wirklich aussagekräftig. Eine Kampagne kann für den EPU zwar ein Erfolg sein, obwohl von der Gesamtzielgruppe nur ein sehr geringer Prozentsatz überhaupt davon gehört hat.

Mit den klassischen Methoden der Marktforschung ist die Mundpropaganda nur bedingt nachweisbar. Möglichkeiten gibt es dennoch, wie z. B. das Identifizieren und Überwachen von Meinungsführern. Der Nachteil ist hier, dass der Aufwand sehr groß ist und sich für kleine Kampagnen eher nicht lohnt.

Am besten und genauesten kann man den Erfolg im Internet messen, weil man nirgendwo anders über vergleichbare Technologie verfügt.
Was kann man prüfen?
Man kann verifizieren, ob die Zielsetzung grundsätzlich erreicht wird. Wenn die Erfolgskriterien klar definiert sind, können diese in der Folge überprüft werden. Das kann z. B. Umsatz pro Monat oder ein Plus an Kundenkontakten pro Monat sein.
Ein Soll-/Ist- Vergleich gibt Auskunft über den Erfolg einer Kampagne.

Ein wesentlicher Punkt bei der Messung ist, dass man permanent prüft und auf frühe Kritik von Kunden reagieren soll. Ist die Homepage nicht übersichtlich aufgebaut oder ist eine Beschreibung missverständlich? Hier muss man dann schnell reagieren und Gegenmaßnahmen einleiten und permanent messen. (Vgl. Langner 2009, S. 89 ff.)

Man unterscheidet grundsätzlich zwischen qualitativer und quantitativer Auswertung. Für die quantitative Auswertung gibt es Möglichkeiten, die das Internet bietet, z. B. Anzahl Seitenaufrufe, Anzahl Downloads, Besuche (Visits), Klicks etc.

Bei qualitativen Methoden untersucht man, wie man im Internet wahrgenommen wird. Hier werden vor allem Foren und Blogs analysiert. (Vgl. Leonardi 2008, S. 70 ff)

## 10 Checkliste

Im Marketing gibt es grundsätzlich drei Basis-Strategien: PUSH-, PULL-, Viral Strategien. Push bedeutet, dass Marketer Kunden motivieren, Informationen zu verbreiten. Bei der Pull-Strategie fragen Kunden gezielt beim Unternehmen nach Informationen und beim Viralen Marketing erfolgt der Informationsaustausch unter den Kunden direkt. (Vgl. Palka/Pousttchi/Wiedemann 2009, S. 172)
Wie jede Marketingmaßnahme muss man auch virale Kampagnen vorbereiten, planen und testen. Erst dann sollte man einen „Virus" in Umlauf bringen.

Man kann virale Kampagnen grundsätzlich in zwei Kategorien unterteilen: Mehrwert orientierte und Anreiz orientierte Kampagnen. Unter Mehrwert orientiert versteht man den Mehrwert für den Kunden, der z. B. ein lustiges Video aus dem Internet downloaden runterladen kann. Unter Anreiz orientierte Kampagnen versteht man das Belohnen der Kunden um die Weiterempfehlung voranzutreiben.

Wenn man aktive Mundpropaganda betreiben will wird man nicht warten, bis man entdeckt wird, sondern man wird sich systematisch vorbereiten.

Als erstes sollte man sich die Frage stellen, ob das eigene Produkt oder die Serviceleistung, für Mundpropaganda geeignet ist. Eine Möglichkeit, dies festzustellen ist, sich selber zu fragen, ob die Information über das Produkt oder die Serviceleistung, das Unternehmen einfach an andere weitergegeben werden kann. Gibt es noch weitere Aspekte zum eigenen Programm, die sich von der Konkurrenz

abheben? Wenn das Programm den Kunden auch etwas bietet, wie Anerkennung oder Wissensvorsprung, um eine Weiterleitung auch an andere zu veranlassen, dann hat man bereits dafür gesorgt, dass Mundpropaganda gemacht wird.
(Vgl. Harris 1999, S. 60)

Als nächstes sollten Ziele und Zielgruppen definiert werden. Hier gilt es, sich bewusst zu machen, was mit der Kampagne erreicht werden soll. Will man die Marktbekanntheit steigern (Brand Awareness), will man Kundeninformationen gewinnen oder will man die Verkaufszahlen in die Höhe treiben. Ein Ziel könnte Produkt-Partizipation sein. Hier sollen Kunden in die Kampagne eingebunden werden, was zur Identifikation der Konsumenten mit dem Produkt führt.
(Vgl. Leonardi 2008, S. 61 f.)

Für eine gezielte Vorgangsweise sollte man sich klar werden, in welchen Branchen, Netzwerken, Zielgruppen oder Unternehmen man in Zukunft verstärkt empfohlen werden will und wer dabei helfen kann. Unterstützer könnten z. B. andere EPUs, Familie, Bekannte, Vereinskollegen, Nachbarn etc. sein. (Vgl. Schueller 2010, S. 17 ff.)

Als nächstes ist es wichtig, laufend den aktuellen Empfehlungsstatus zu ermitteln. Dazu braucht es keine komplizierten Erhebungsmethoden, sondern nur eine einfache Frage, die auf die Wahrscheinlichkeit abzielt, ob der Befragte das Unternehmen weiterempfiehlt. Die Antwortmöglichkeit ist 0-10 (diese Methode ist der sog. „NPS" Net Promoter Score)

Damit man im Social Media wahrgenommen wird muss man ein Lebenszeichen von sich geben, sonst „existiert" man nicht. Tipps dazu:
1. Kunden empfehlen nur etwas, was empfehlenswert ist. Daher sollte man etwas vorweisen, was Kunden weitergeben, um sich selber damit zu profilieren.

2. Mitreden und auf sich aufmerksam machen. Man sollte sich in Online-Verzeichnissen eintragen, Eintragungen in Branchenplattformen machen, eine Unternehmensseite auf Facebook einrichten, Xingen, bloggen, twittern etc.

3. Kunden zum Mitreden einladen. Kunden können motiviert werden, auf Twitter zu folgen, Fan auf der Facebook Seite zu werden oder zu Diskussionen einladen. Hinweise dazu können auf Mails oder auf Briefen angebracht werden.

4. Überwachen der Online-Gespräche. Im Internet gibt es kostenlos Möglichkeiten, sich dem Gerede über eine Firma informieren zu lassen. Beispiele dafür sind: Google Alerts, Yahoo Alerts, Bing Alerts oder Twitter Search.

5. Reaktion auf das Gerede im Internet zeigen. Für positive Meldungen sollte man sich bedanken. Es ist aber viel wichtiger, dass man auf negative Meldungen reagiert und versucht die Probleme rasch zu lösen. Eine negative Meldung verbreitet sich sehr schnell.

6. Wenn jemand im Internet sucht ist er nicht bereit, Seiten zu scrollen. Daher ist es vorteilhaft, eine Suchmaschinenoptimierung (SEO) und Suchmaschinen-Marketing (SMM) einzuplanen.

7. Online Bewertungen sind als Chance zu sehen, das Unternehmen zu verbessern. Die Menschen wollen ihre Meinung bereitwillig teilen. (Vgl. Schueller 2010, S. 17 ff.)

Je nach Festlegung wird dann in weiterer Folge die Kampagne aufgesetzt. Damit die Kampagne an die richtige Adresse gelangt ist es wichtig, seine Zielgruppe und deren Vorlieben zu kennen. Wenn man weiß, wo sich die Zielgruppe im Internet aufhält, welche Foren sie besucht, kann man dort gezielt Informationen verbreiten oder sich dort Informationen beschaffen, was gewünscht wird.

Bei der Mundpropaganda hat man nur zu Beginn der Kampagne einen Einfluss, danach hat man absolut keine Kontrolle mehr. Daher ist es wichtig, die Initialzündung gut zu planen. Geeignete Überträger sind:

- persönliche Kommunikation
- Telefon
- Internet
- Print
- Fernsehen
- Rundfunk

Hier ist zu erwähnen, dass der größte Feind einer Epidemie der Medienbruch ist. Damit sich der Virus optimal verbreitet, braucht er ein homogenes Umfeld. Als Beispiel könnte man hier ein Gespräch im Zuge einer Produktpräsentation nennen. Wenn man hier eine Empfehlung von anderen Besuchern bekommt, aber nichts zum Aufschreiben dabei hat, wird die Information vergessen, der Virus wird nicht übertragen. Das Internet bietet hier natürlich die besten Voraussetzungen.

Ein Virus wird zwar von einer Person zur nächsten übertragen, jedoch braucht es zu Beginn eine gezielte Verbreitung bzw. gezieltes Streuen der Information. Diese Tätigkeit nennt man SEEDING. Das einfache Seeding geht davon aus, dass die Zielgruppe das Kampagnengut selbst entdeckt. Hier wird an Freunde, Bekannte und bestehende Kunden gestreut (z. B. Mail, Newsletter etc.). Beim erweiterten Seeding trachtet man nach schneller Verbreitung. In kurzer Zeit sollen so viele Kontakte wie möglich erreicht werden (z. B. über viele Kanäle und Plattformen). Diese Form ist sehr planungs-, kosten- und zeitintensiv. (Vgl. Langner 2009, S. 57 ff.)

Beim Direkt Mailing, wie z. B. Newsletter versenden, stellt man eine enge Beziehung zu Kunden her. Untersuchungen haben gezeigt, dass Kunden personalisierte Mails seltener löschen (Vgl. Kenzelmann 2008, S. 43). Über Newsletter kann man günstig und schnell seine Kunden über aktuelle Ereignisse informieren. Dabei ist es nützlich einige Grundregeln einzuhalten, wie zum Beispiel die Übersichtlichkeit zu wahren. Weiters sollte es für Kunden einfach sein, den Newsletter gegebenenfalls zu stornieren und es soll nicht der Eindruck entstehen, dass es sich um ein Spam-Mail handelt. Newsletter sollen auch tatsächlich nur verschickt werden wenn es etwas Neues zu transportieren gibt, von dem der Kunde einen Benefit hat. (Vgl. Kenzelmann 2008, S. 48)

Es ist zu beachten, dass die Kundenidentifizierung Voraussetzung für eine Kundenbindung ist. Möglichkeiten dafür sind z. B. E-Mail Adressen Sammlung. Erst durch die Identifikation kann man andere Marketinginstrumente wie Up-selling, Cross-selling anwenden.

Die umsatzstärksten Kunden müssen nicht unbedingt die  Kunden sein welche die beste Mundpropaganda machen können, weil sie möglicherweise von der Persönlichkeit nicht dafür geeignet sind. Meinungsmacher können andere sein.

Man soll versuchen, die Fans eng an die Firma einzubinden (Beispiel Lego). Der Kunde soll das Gefühl haben, ein Teil der Firma zu sein. (Vgl. Ferguson 2008, S. 182)

Oft fehlt es an Ideen, welche praktischen Maßnahmen ein EPU für eine erfolgreiche Mundpropaganda anwenden kann. Es gibt einige Tipps welche dem EPU helfen können, positive Mundpropaganda zu starten. Ein Vorschlag ist zum Beispiel, Unternehmer, die nicht in einer Konkurrenzsituation zum eigenen Unternehmen stehen, dazu einzuladen gegenseitig Kunden weiter zu empfehlen.
(Vgl. Harris 1999, S. 152)

EPUs sollten sich von anderen unterscheiden. Ein Slogan kann hilfreich sein, der einfach und verständlich ist und gerne weitergegeben wird. Generalisierungen sind nach Möglichkeit zu vermeiden. Werden Werbeträger wie Schlüsselanhänger, Taschen etc. kreativ gestaltet, dann ist es nur die halbe Miete. Es kommt auch darauf an wie man diese an die Kunden bringt, auch hier ist Kreativität gefragt. (Vgl. Harris 1999, S. 154 f.)

Eine Aufforderung an die Kunden eine positive Referenz weiterzugeben, kann man z. B. mit Testpackungen eine Produktes unterstützen und Kunden außerdem Testpackungen für deren Freunde zu schenken. Hier könnte man z. b. auch Gutscheine für eine ermäßigte Serviceleistung anbieten. Damit haben die Kunden etwas Greifbares und kommen noch dazu positiv bei Freunden an, weil sie Geschenke überbringen. (Vgl. Harris 1999, S. 157)

Kunden sollen einen Grund haben, anderen von dem Unternehmen zu erzählen. Wenn ein Auftrag zur Zufriedenheit erfüllt wurde kann man z.B. ein Dankschreiben aufsetzen, in dem Kunden einen Gutschein finden, den sie an Freunde weitergeben sollen. Als Entschädigung für die Mühe bekommen diese Kunden dafür einen Preisnachlass für künftige Aufträge. (Vgl. Harris 1999, S. 158)

Etwas, was in vielen Kulturkreisen sehr gut funktioniert, ist das Verbreiten von Geheimnissen. Sobald eine Nachricht das Mascherl eines Geheimnisses bekommt, wird es erst recht interessant und weitererzählt. Kunden haben dann das Gefühl, etwas Besonderes zu sein und durch das Weitererzählen dieses Besondere sichtbar zu machen. Beispiele sind hier z. B. besondere Parkmöglichkeiten, Öffnungszeiten, Losungsworte für verbilligte Waren etc. (Vgl. Harris 1999, S. 161)

Man kann potentielle Kunden auch auffordern, sich doch einfach bei Stammkunden über eine Dienstleistung oder eine Produkt zu erkundigen. Kunden sollen ermutigt werden, sich bei Freunden oder Bekannten zu erkundigen, die bereits Erfahrung mit dem Produkt bzw. der Serviceleistung gemacht haben. Das schafft Vertrauen. (Vgl. Harris 1999, S. 176)

Indem man z. B. auf Routinearbeiten hinweist gelingt es, bei den Kunden im Gespräch zu bleiben. Kunden ersparen sich einen möglichen Schaden (z. B. Erinnerung an ein Service, Erinnerung an eine Datensicherung usw.). Kunden werden dieses Service schätzen und Freunden und Bekannten weitererzählen. (Vgl. Harris 1999, S. 189)

Die oben angeführten Punkte sind praktische griffige Beispiele, wie ein EPU für Mundpropaganda sorgen kann. Diese sollen zeigen, dass man mit Kreativität und Einsatz nah am Kunden ist und diese Kundennähe kann zu positiver Mundpropaganda führen.

Ein wesentlicher Punkt ist der Umgang mit **negativer Mundpropaganda** .
Negative Mundpropaganda kann man genauso stark vermeiden, wie man positive generieren kann. Die Schwierigkeit liegt darin, dass sich Kunden meist nicht offen über Mängel beschweren, sondern ihren Ärger den Freunden, Bekannten und der Familie erzählen. Hier kann es sehr hilfreich sein, sich aktiv um seine Kunden bemühen, aktiv auf sie zugehen und sich ehrlich um ein Feedback bemühen. Suggestiv-Fragen sind hier absolut fehl am Platz, weil Kunden dann die darauf passende Antwort liefern, den wahren Grund aber verschweigen. Besser kommt es bei Kunden an, sich zum Beispiel mit offenen Fragen nach den Erfahrungen mit dem Service oder dem Produkt zu erkundigen. Wenn dann tatsächlich Missstände aufgezeigt werden, dann haben es Unternehmer in der Hand, Kunden zu entschädigen und Dankbarkeit für das Aufzeigen von Problemen zu zeigen. Zufriedene Kunde werden ihre positiven Erfahrungen entsprechend weitergeben. (Vgl. Harris 1999, S. 55 f.)

## 11 Zusammenfassung und Ausblick

Mundpropaganda ist heute so erfolgreich, weil die herkömmliche Werbung deutlich an Wirksamkeit verliert. Es ist nicht anzunehmen, dass traditionelle Werbung verschwinden wird, da man mit ihr nach wie vor sehr viel Aufmerksamkeit erreichen kann. Konsumenten können heute innerhalb von Sekunden in Erfahrung bringen, was andere von einem Produkt zu berichten wissen, welches gerade in einem Werbespot gesehen wurde.
Somit reicht Awareness allein nicht aus und als Ergänzung kann hier Mundpropaganda wertvolle Unterstützung bieten (Vgl. o.V. 2009 Wer Viral Marketing

und Mundpropaganda für seine Marke will, muss gezielt Fans für sich gewinnen, S. 4)

Quellen für Mundpropaganda
Wo Word of Mouth tatsächlich stattfindet

„Wo haben Sie zum letzten Mal eine Empfehlung erhalten?"

| | |
|---|---|
| persönliche Gespräche | 79 |
| Social Networks | 6 |
| Telefon | 5 |
| E-Mails | 3 |
| Produkttest-Portale | 2 |
| Foren | 2 |

**Abbildung 3: Quellen für Mundpropaganda**
Quelle: Oetting 2013, S50

Der Geheimtipp von Freunden zum besten Urlaubshotel, der Tipp vom Nachbarn zum Rasenpflegen, Erfahrungsbericht vom Bruder über den gekauften Familien-Van usw. Persönliche Empfehlungen hatten immer schon große Bedeutung. Im Marketing wird WOM ebenfalls immer wichtiger, vor allem deshalb, weil die Digitalisierung der Kommunikation rasant weiter steigt. Wie die WOMMA (Word of Mouth Marketing Association) berichtet, wird dieser Trend auch 2013 anhalten. Lt. WOMMA sind für 2013 fünf Trends zu erwarten:

1. WOM über klassische und „soziale" Kanäle
2. Mobile Viral Marketing (mit Mobiltelefonen) wird häufiger stattfinden
3. Marketing überlässt WOM immer weniger dem Zufall, sondern plant immer präziser die Kampagnen
4. Incentivierung wird immer häufiger thematisiert. Gemeint ist hier  z. B. kostenlose Produktproben, Preisabschläge, spezielle Angebote usw.
5. Paid Media Maßnahmen werden verstärkt eingesetzt. Das bedeutet, dass man Unternehmen gezielt für WOM-Aktionen engagiert.

Forschungen haben ergeben, dass sich Mundpropaganda und klassische Kommunikation besonders gut ergänzen. Sowohl die Awareness wie auch die Kaufabsicht konnten mit der Ergänzung der Mundpropaganda verdoppelt werden. (Vgl. o.V. 2013 W&V Nr. 15 S. 50).

Ob Mundpropaganda, Word of Mouth, viral Marketing oder welche Bezeichnungen sonst noch existieren bzw. in Zukunft kreiert werden mögen, die Basis ist immer dieselbe. Je mehr Forschung auf diesem Gebiet betrieben wird, umso effektiver wird man dieses mächtige Instrument nutzen können.

Die Forschungsergebnisse sind sehr spärlich, das wird in den verschiedensten Forschungsberichten betont. Das reizvolle an der Materie ist, dass kleine Firmen wie EPUs, theoretisch dieselben Möglichkeiten vorfinden wie Multi-Konzerne, auch wenn sie nur über einen Bruchteil des Marketingbudgets verfügen.

# Abbildungsverzeichnis



# Literaturverzeichnis

## Fachliteratur


Cruz, D., & Fill, C. (2008). Evaluating viral marketing: isolating the key criteria.
Emerald Group Publishing, Limited, Vol. 26 No. 7, S. 743-758.

Datta, P.R., Chowdhury, D. N., Chakraborty, & Bonya R. (2005). Viral Marketing:
New form of Word-of-Mouth through Internet. The Business Review,
Cambridge, Vol. 3 No. 2, S. 69-75.

Ferguson, R. (2008). Word of mouth and viral marketing: taking the temperature of
the hottest trends in marketing. Emerald Group Publishing, Limited, Vol. 25
Nr. 3, S. 179-182.

Harris, G. (1999).   Empfehlen Sie uns weiter!: Mundpropaganda als
Marketinginstrument. Wien: Signum Verlag.

Helm, S. (2000). Kundenempfehlungen als Marketinginstrument, Wiesbaden
Wiesbaden: Dt. Univ.-Verlag.

Kenzelmann, P. (2008). Kundenbindung : Kunden begeistern und nachhaltig binden.
Berlin: Cornelsen.

Kirby, J., Marsden, P., (2007) Connected Marketing: the viral, buzz and word of
mouth revolution. Amsterdam: Elsevier/Butterworth-Heinemann:

Kotler, P.,Keller, K.L.,Bliemel, F. (2007). Marketing-Management. München: Pearson
Studium.

Kwiatkowska, J. A. (2009). VIRAL MARKETING IN THE INTERNET. CHARACTERISTICS OF AN EFFECTIVE VIRUS. University of Alba Iulia (Romania), Faculty of Sciences, Vol. 11 No 2, S. 1047-1054

Langner, S. (2009). Viral Marketing: wie Sie Mundpropaganda gezielt auslösen und Gewinn bringend nutzen. 3. Auflage, Wiesbaden: Gabler.

Lee, J, Lee, J., & Feick, L. (2006). Incorporating word-of-mouth effects in estimating customer lifetime value. Palgrave Macmillan, .Vol. 14 No. 1, S. 29-39.

Leonardi, J.M. (2008). Viral-Marketing im E-Business. Hamburg: Diplomica-Verlag.

Lo, S. C. (2012). CONSUMER DECISIONS: THE EFFECT OF WORD-OF-MOUTH. International Association of Organizational Innovation, Vol. 4 No. 3, S. 188-196.

Oetting, M. (2013). Die WOM-Trends 2013. Werben & Verkaufen Vol. 15/2013, S.50.

Palka, W., Pousttchi, K., & Wiedemann, D. G. (2009). Mobile word-of-mouth – A grounded theory of mobile viral marketing. Palgrave Macmillan, Vol. 24 No. 2, S 172-185.

Sweeney, J. C; Soutar, G. N, & Mazzarol, T. (2008). Factors influencing word of mouth effectiveness: receiver perspectives. European Journal of Marketing, Vol. 42 No 3/4, S 344-364

Trusov, M., Bucklin R. E, & Pauweis, K. (2010). Do you want to be my "friend"? MONETARY VALUE OF WORD-OF-MOUTH MARKETING IN ONLINE COMMUNITIES. GfK Marketing Intelligence Review, Vol. 2 No. 1, S. 26-33,63.

## Internetquellen

1. Dorn, C. (2012), Social-Media-Wettbewerbe - Marketing im Virusfieber. ISSN: 1433-5204 / Dauerhafte Adresse des Dokuments: http://www.wiso-net.de/webcgi?START=A60&DOKV_DB=ZWIW&DOKV_NO=MIND95745&DOKV_HS=0&PP=1, gefunden 10.05.2013

2. Kornfeld, M. (2003), Viral Marketing: Erfolgreiche Werbung ohne einen cent? http://www.str-act.com/_service/artikel/viral-marketing/viral-marketing00.html /, gefunden 20.03.2013

3. O.V. (2013) What is Word of Mouth Marketing?
http://www.wommapedia.org/, gefunden 13.05.2013

4. O. V. (2013) W&V, WoM pusht andere Media-Maßnahmen, Werben & Verkaufen
Nr. 15 vom 08.04.2013, S. 50,
http://www.wiso-
net.de/webcgi?START=A60&DOKV_DB=ZECO&DOKV_NO=WUVA54344536&DOK
V_HS=0&PP=1, gefunden 25.03.2013

5. Schobelt.,F. (2009) Nielsen: Konsumenten vertrauen Mundpropaganda und
Medien.
http://www.wuv.de/medien/nielsen_konsumenten_vertrauen_mundpropaganda_
und_medien, gefunden 20.03.2013

6. Schueller, A.M. (2010), Zukunftstrend Empfehlungsmarketing.
http://www.empfehlungsmarketing.cc/rw_e13v/schueller2_em/usr_documents/eB
ook_Empfehlungsmarketing.pdf, gefunden 20.05.2013

7. Schueller, A.M. (2011), Social-Media-Marketing: Risiko und Chance zugleich.
http://www.empfehlungsmarketing.cc/rw_e13v/schueller2_em/usr_documents/Ar
tikel_SocialMedia.pdf, gefunden 20.05.2013

8. Schueller, A.M. (2012), Checkliste Shitstorm.
http://www.empfehlungsmarketing.cc/rw_e13v/schueller2_em/usr_documents/ch
eckliste_Shitstorm.pdf, gefunden 20.05.2013

9. Wissensportal für Marketing und Trendinformationen, o.V., (2013),
Mundpropaganda-Marketing: Wie Sie die wirksamste Werbeform der Welt besser
nutzen:
http://www.marketing-trendinformationen.de/marketing/mundpropaganda-
marketing-wie-sie-die-wirksamste-werbeform-der-welt-besser-nutzen-1467.html,
gefunden 20.03.2013

10. WKO (2013)., Zahlen, Daten, Fakten zu Ein-Personen-Unternehmen (EPU) in
Österreich
http://portal.wko.at/wk/format_detail.wk?AngID=1&StID=361820&DstID=8345,
gefunden 20.03.2013

## Artikel aus Zeitschriften

1. Bank und Markt (2012). Social-Media-Wettbewerbe - Marketing im Virusfieber. 12. Auflage.
2. Bank und Markt 02 (2013), Kommunikation - Virales Marketing missglückt Bank: http://www.wiso-net.de/webcgi?START=A60&DOKV_DB=ZECO&DOKV_NO=BUMT021301006&DOKV_HS=0&PP=1, gefunden 15.05.2013
3. Greve, G. (2011). Social CRM – ganzheitliches Beziehungsmanagement mit social Media. Marketing Review St. Gallen, Band 28 Nr.5, S. 16-21.
4. O.V. (2009). Wer Viral Marketing und Mundpropaganda für seine Marke will, muss gezielt Fans für sich gewinnen in: Marketing Review St. Gallen, S. 4)